Karen Hickmann

Joachim Balfanz, Regina Berger, Anita Fiedler-Oruchan, Birgit Groschupp, Daniela Karle, Stefanie Kreutzfeld, Nurdan Örgüc, Ingrid Rehm-Kronenbitter, Kirsten Rothert, Annemarie Rucker, Markus Schubert, Edith Swatek, Sabine Wagner

navi

Ethik

Arbeitsheft 7/8

1. Auflage

Schroedel

Druck A ^{3}/ Jahr 2015
Alle Drucke der Serie A sind im Unterricht parallel verwendbar.

Druck und Bindung: westermann druck GmbH, Braunschweig

ISBN 978-3-427-**65044**-7

Inhalt

für Klasse 8 empfohlen

*

1. Betrachte das Bild von Friedensreich Hundertwasser und lass dich dabei von folgenden Satzanfängen leiten:
   - Ich sehe …
   - Ich denke …
   - Mir fällt auf …
   - Ich frage mich …
   - Ich vermute …
   - Ich finde …

2. Wähle dir drei Satzanfänge aus und beende sie schriftlich.

___

___

___

___

Spüre deinen Spuren nach.

Erinnere dich an die Wege, die du gegangen bist.

Träume die Wege, die du gehen wirst.

3. Betrachte noch einmal eingehend Hundertwassers Werk und male dann dein eigenes Bild.
   - Zeichne wichtige Lebenssituationen ein.
   - Wie stellst du dir die Zukunft vor?

   Verwende passende Farben, füge Lebensdaten oder Symbole ein.

4. Fülle nach deiner Zeichnung folgenden Steckbrief zu deinem Bild aus.

Meine wichtigsten Wegbegleiter: ___

Höhepunkte in meinem Leben: ___

Niederlagen/dunkle Zeiten: ___

Zukunftswünsche: ___

* Hundertwasser 553A STRASSE DER ÜBERLEBENDEN, Siebdruck, 1971

1. Gestaltet eine kleine Ausstellung mit euren Bildern.
   Werden Gemeinsamkeiten oder Probleme sichtbar?

2. **Erkennungsbeispiel:** Beendet auf einem Zettel folgende Satzanfänge:
   - Ich kann gut …
   - Ich kann nicht so gut …
   - Es stört mich, wenn andere …
   - Zu anderen bin ich …

   Vermischt alle Zettel, zieht dann einen heraus und versucht zu erkennen, wer das sein könnte.

Pubertät

= die Zeit zwischen 10 und 14 Jahren, die durch körperliche und seelische Veränderungen gekennzeichnet ist. Die heranwachsenden Jugendlichen erlangen die Geschlechtsreife. Auf der Suche nach dem eigenen Weg kommt es zu innerer Unausgeglichenheit und zu Meinungsverschiedenheiten.

1. Denke über die Begriffserklärung nach und ergänze Beispiele für Probleme in der Pubertät.
2. Was hat der Ausspruch „Himmelhoch jauchzend – zu Tode betrübt“ mit der Pubertät zu tun?

3. Wie empfindest du diese Zeit?

4. Befrage auch deine Eltern, wie sie die Zeit mit dir als heranwachsendem Jugendlichen erleben, was sie positiv oder negativ finden.

☺	☹

Jeder ist einmalig und unverwechselbar.

1. Denk über dich nach und beantworte folgende Fragen.

Wer bin ich?

Was kann ich?

Was will ich?

Foto

2. Gestalte nun auf einem A4-Blatt ein ICH-Plakat.
   Dabei haben die Buchstaben folgende Bedeutung:

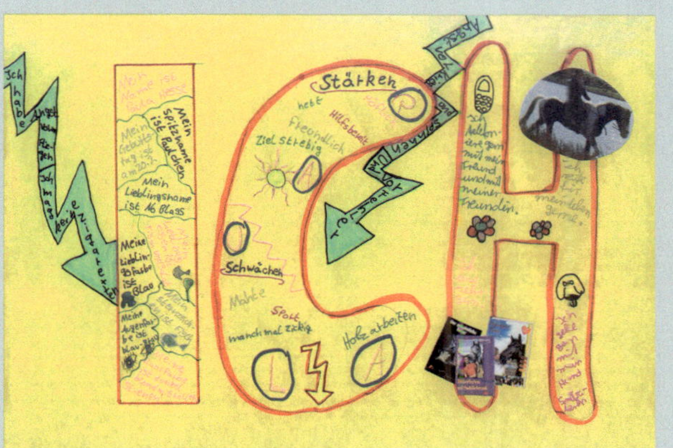

I – wie Identität

C – wie Charakter

H – wie Hobbys

Achte darauf, dass du mehr positive Charaktereigenschaften benennst als negative. Bei der Gestaltung zum H kannst du auch kleine Bilder verwenden oder zeichnen.

3. Sammelt zunächst Begriffe, die zum Thema IDENTITÄT gehören.

Spitzname, Größe, Sternzeichen …

4. Du kannst auch Gefahren, die du für dich erkennst, durch Pfeile einfügen.

1. Finde andere Wörter für Erfolg.

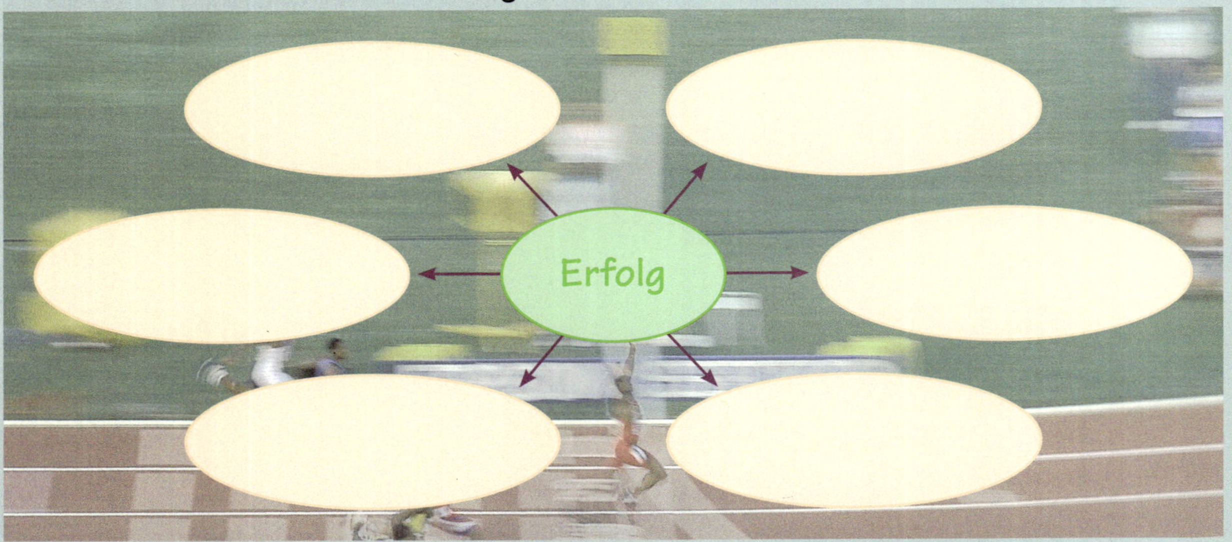

2. Was bedeutet für dich Erfolg?

3. Finde Beispiele aus deinem Leben für folgende Übersicht:

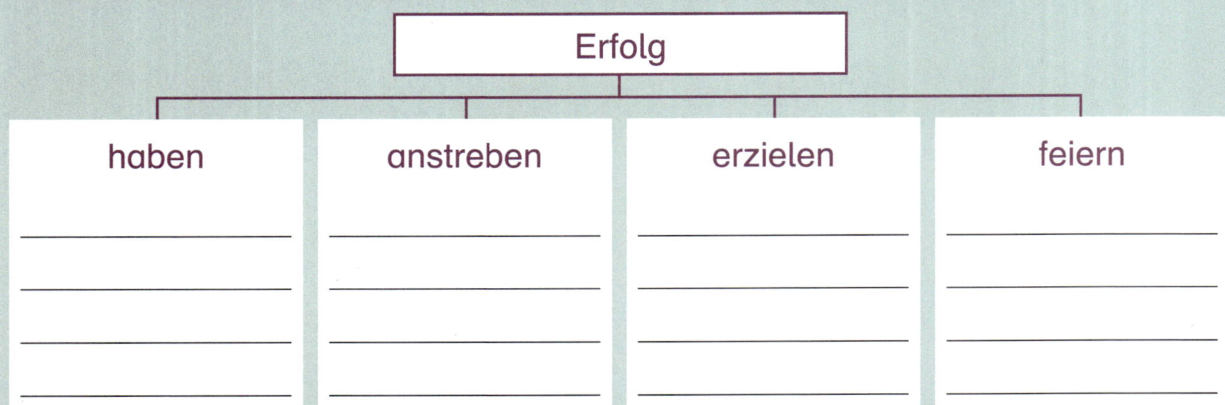

4. Wann warst du schon mal richtig stolz auf das Erreichte?

5. Die Pflanzen ziehen aus ihren Wurzeln die Kraft. Überlege, was deine Wurzeln sind und woraus du Kraft schöpfen kannst.

1. Wir leben in einer polaren Welt. Jedes Ding hat zwei Seiten.
   Finde die Gegenbegriffe:

Erfolg	–	______________________
erfolgreich	–	______________________
Gewinner	–	______________________

2. Wann ist dir schon mal etwas misslungen?

____

3. Die Vorsilbe „miss“ drückt häufig das Gegenteil oder etwas Ungünstiges aus. Bilde Sätze mit folgenden Wörtern:

   missglücken   missachten   missfallen   misstrauen   missraten

____
____
____
____
____

4. Besprecht, wie man sich nach einer Niederlage fühlt und findet gemeinsam Lösungsmöglichkeiten.

____
____

____
____

Misserfolg

____
____

____
____

5. Welcher dieser Sprüche gefällt die besonders gut? Begründe.

Der Ziellose erleidet sein Schicksal – der Zielbewusste gestaltet es.
– Immanuel Kant –

Die Erfolge im Leben hängen davon ab, was man aus den Misserfolgen macht.
– Joseph Schmidt –

Auf dem Weg zum Erwachsensein wirst du zunehmend:

- deine **Rechte** wahrnehmen
- deine **Pflichten** erfüllen und
- dich dabei an bestehenden **Gesetzen** orientieren.

1. Nenne Beispiele für diese drei Begriffe.

Rechte: ______________________________

Pflichten: ______________________________

Gesetze: ______________________________

Gesetze

stellen Regeln für Erwachsene und Kinder auf und dienen gleichzeitig zu ihrem Schutz.

Grundgesetz (GG) Art. 2/Absatz 2

Jeder hat das Recht auf Leben und körperliche Unversehrtheit. Die Freiheit der Person ist unverletzlich …

____

____

____

Jugendschutzgesetz (JuSchG) § 15/Absatz 1

Trägermedien, deren Aufnahme in die Liste jugendgefährdender Medien nach § 24 Abs. 3 Satz 1 bekannt gemacht ist, dürfen nicht einem Kind oder einer jugendlichen Person angeboten, überlassen oder sonst zugänglich gemacht werden.

____

____

Strafgesetzbuch (StGB) § 153

Wer vor Gericht … falsch aussagt, wird mit Freiheitsstrafe von drei Monaten bis zu fünf Jahren bestraft.

____

____

2. Was haben diese drei Gesetzesauszüge mit deinem Schulalltag zu tun? Erkläre es an einer Beispielsituation.

Verantwortung

= die Bereitschaft und Pflicht die Folgen für eigene und fremde Handlungen zu tragen.

1. Mit zunehmendem Alter musst du immer mehr Verantwortung übernehmen. Ist das für dich positiv oder negativ?

____

____

2. Was könnte das alles sein? Ordne den Bildern Begriffe zu.

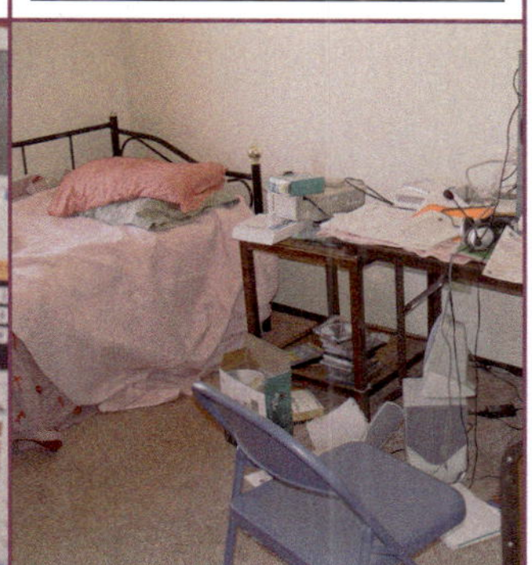

3. Beende folgende Sätze:

Ein jeder ist verantwortlich ___________________________.

Es ist verantwortungslos ___________________________.

1. Kreuze an, wo du Verantwortung übernehmen würdest. Ergänze darunter, wie diese aussehen könnte.

2. Es gibt viele Berufsgruppen, bei denen Menschen für andere da sind und Verantwortung übernehmen. Finde Beispiele und ergänze in Klammern, für wen sie verantwortlich sind.

Busfahrer (Reisende), ______________________________

____

3. Jede Person oben ist auf einen der Helfer unten angewiesen.
   a) Wer hilft wem? Ziehe farbige Verbindungslinien.
   b) Wie fühlen sich die Personen, wenn ihnen geholfen wird?

____

____

4. Hast du schon einmal von jemandem Hilfe erhalten? Wie ging es dir dabei?

____

Der Mensch trägt Verantwortung für die Natur. Leider gefährdet und zerstört er sie auch durch seine Handlungen.

Betrachte die Bilder genau und erkläre daneben, welche Forderungen du aus dem Dargestellten ableiten kannst.

Liebe zur Natur

Nur wenn man die Natur liebt, ist man auch bereit, sie zu schützen.

1. Wie ist dein Verhältnis zur Natur? Zähle auf, was du magst und was dir wichtig ist.

____

____

____

____

____

____

2. Finde ein passendes Bild zu deinen Worten.

3. Stell dir vor, das alles gäbe es nicht mehr. Was würde das für dich und die gesamte Menschheit bedeuten?

____

____

____

Umweltquiz

1. Kreuze die richtigen Lösungen an und finde das Lösungswort.

Wie viele Schmetterlingsarten leben bei uns? (F) 20 (G) 1.500 (H) mehr als 3.000	Eine Person verbraucht pro Tag durchschnittlich: (L) 14 Liter Wasser (M) 130 Liter Wasser (N) 540 Liter Wasser
Wenn Batterien leer sind, (I) gehören sie in die Batteriebox oder in den Sondermüll. (J) hebe ich sie zum Basteln auf. (K) werfe ich sie sofort in den Müll.	Was ist die Ursache für die zunehmende Erderwärmung? (H) erhöhte Sonneneinstrahlung (I) CO_2 aus Abgasen und Schornsteinen (J) das Eis aus der Antarktis
Wie viel Strom verbraucht eine Glühlampe in einer Stunde? (L) 40 Wattstunden (M) 120 Wattstunden (N) 80 Wattstunden	Woran erkennst du umweltfreundliche Produkte? (R) am „Roten Pfeil“ (S) am „Grünen Stempel“ (T) am „Blauen Engel“
Wie viel länger leuchtet eine Energiesparlampe im Vergleich zu einer Glühbirne? (F) 10-mal so lang (G) gleich lang (H) 100-mal so lang	**Lösungswort:** ☐☐☐☐ ☐☐☐ !

2. Überlege dir zu den Inhalten der Quizfragen drei gute Vorsätze, wie du der Natur helfen kannst.

____

____

____

Mit zunehmendem Alter lernst du immer neue Freunde kennen und entscheidest selbstständig in vielen Situationen. Es passieren Ungeschicklichkeiten oder du reagierst falsch. Manchmal meinst du, „Mutproben" bestehen zu müssen, oder du gerätst an „falsche Freunde". Dann kommst du mit dem Gesetz in Konflikt und musst dich verantworten. Dabei unterscheidet man vier Hauptaltersgruppen.

0 bis 6	____________	____________
7 bis 14		____________
14 bis 18	____________	____________
ab 18	____________	____________

1. Ordne in die 2. Spalte die Begriffe: **Kind, Erwachsener, Jugendlicher.**
2. Klärt die Begriffe in den Kästchen gemeinsam, dann schreibe die Texte an die richtige Stelle der 3. Spalte der Tabelle.

beschränkt geschäftsfähig, deliktfähig	geschäftsunfähig	voll verantwortlich (bis 21 Jahre Jugendstrafgesetz möglich)	strafmündig nach Jugendstrafgesetz

3. Das Gesetz unterscheidet nach: **Ordnungswidrigkeiten, Vergehen, Verbrechen.**
Welcher Sachverhalt wird auf den zwei Bildern dargestellt?
Zu welcher der drei Gruppen gehört er?

____

____

____

____

Jeder Mensch macht Fehler – auch du

Verstoß gegen die Fußballregeln, Unsportlichkeit

Schädigung der Firma

kein bleibendes Wissen;

schlechte Note, wenn man erwischt wird

Betrugsversuch

Preise werden erhöht;

Verhör durch die Polizei;

Geldstrafe, Anzeige

Verstoß gegen die Straßenverkehrsordnung

Rote Karte;

Ausschluss aus dem Spiel, Verein, der Mannschaft;

keine Freunde

Gefährdung der eigenen Person und anderer Personen

1. Schneide die einzelnen Kästchen aus und ordne jeweils der betreffenden Situation den Verstoß und die Folge zu:

Foto → Verstoß → Folge

2. Ergänze mit einem 4. Kästchen je Situation, wie der Fehler wiedergutgemacht werden kann:

Foto → Verstoß → Folge → Wiedergutmachung

Gewalt

= der Einsatz von Macht- und Druckmitteln körperlicher oder geistiger Art zur Durchsetzung bestimmter Absichten gegenüber anderen.

1. Finde andere Worte für Gewalt.

2. Benenne Beispiele dazu, die du gelesen, gesehen oder erlebt hast.

3. Lies die vier Textfelder und benenne darunter mit einem Wort oder einer Wortgruppe die Ursachen für das Entstehen von Gewaltbereitschaft.

Cliquen spielen eine bedeutende Rolle beim Heranwachsen von Kindern und Jugendlichen, insbesondere für ihre Identitätsfindung. So ist es alterstypisch und vollkommen normal, dass sich Jugendliche zu Gruppen zusammenschließen. Der Einzelne fühlt sich im Schutz der Gruppe sicher, wird immer risikofreudiger und gibt Verantwortung an den „Anführer“ ab oder nutzt die Anonymität der Gruppe aus. Gewalt verschafft dem Täter ein Gefühl von Macht und Stärke und die gewünschte Anerkennung in der Gruppe.	Unbestritten werden Kinder und Jugendliche über die Medien mit Gewalt konfrontiert – und zwar wesentlich häufiger und intensiver als im tatsächlichen Leben. Problemlösungen mittels Gewalt werden oft als einzig möglicher Weg und als gesellschaftlich akzeptiert dargestellt und können damit als gangbare und erfolgreiche Handlung übernommen werden. Das gilt insbesondere für diejenigen Jugendlichen, die in einem auch ansonsten gewaltbetonten Milieu aufwachsen müssen. Häufiger Konsum von Brutalität in den Medien birgt die Gefahr der Gewöhnung an Aggression und Gewalt.
Häufig sind gewaltbereite Menschen in ihrer Jugend selbst Opfer von Gewalt geworden. Studien belegen eindrucksvoll: Wer in der Kindheit von den Eltern geschlagen oder misshandelt wurde, wird auch selbst häufiger gewalttätig als etwa ein Mensch ohne Gewalterfahrung. Auch beobachtete Gewalt der Eltern untereinander steigert die Gewaltbereitschaft und das Gewalthandeln von Jugendlichen und zwar vor allem von jungen Männern.	Das Wohnumfeld, in dem Kindheit und Jugend erlebt werden, wirkt sich direkt (durch Spiel- und Freizeitmöglichkeiten) und indirekt (durch günstige bzw. belastende Lebensbedingungen für die Familie) auf die Entwicklung, das Selbsterleben und die Selbstverwirklichung von Kindern und Jugendlichen aus. Manche Jugendliche wachsen in Gegenden auf, die alles andere als ideal für sie sind. Insbesondere fehlen häufig Plätze und Freiräume für eine von jungen Menschen gewünschte Art der Freizeitgestaltung.

Gefahren im Jugendalter

1. Schildere deine Gedanken zu diesem Bild.

2. Rauchen und Alkohol können sich besonders im Jugendalter schnell zur Sucht entwickeln. Es sind aber nicht die einzigen Gefahren. Welche Süchte kennst du noch?

3. Fülle selbstständig den Fragebogen zum Suchtverhalten auf Seite 21 aus. Sprecht danach gemeinsam darüber, besonders über die Angaben zu den Punkten 5, 9 und 10. Findet Ursachen und ergänzt die Übersicht.

Fragebogen zum Suchtverhalten

Dieser Fragebogen ist anonym, **schreibe also deinen Namen nicht auf das Blatt**. Beantworte bitte die Fragen wahrheitsgemäß. Kreuze die Antworten an, die für dich zutreffen. Manchmal sind auch mehrere Antworten möglich. Wenn keine der gegebenen Antworten für dich zutrifft, dann lasse die Frage bitte aus.

1. Wie ist das bei dir mit dem Rauchen?
(Bitte alle Sätze genau durchlesen und nur ein Kreuz machen!)

☐ Ich habe noch nie eine Zigarette geraucht.
☐ Ich habe eine Zigarette probiert, seitdem nie wieder.
☐ Ich rauche gelegentlich, durchschnittlich ist das weniger als eine Zigarette täglich.
☐ Ich rauche regelmäßig, das heißt ungefähr eine Zigarette täglich.
☐ Ich rauche regelmäßig, das heißt mehrere Zigaretten täglich.
☐ Ich habe ganz aufgehört zu rauchen.

2. Wie viele Zigaretten rauchst du durchschnittlich am Tag?
(Mache einen Kreis um die richtige Zahl)

Anzahl der Zigaretten:

0 1 2 3 4 5 6 7 8 9 10 12 14
15 17 20 25 30 35 mehr

3. Welche Personen, mit denen du häufiger zusammen bist, sind Raucher?
(Du kannst mehrere Kreuze machen!)

☐ Freund, Freundin oder Clique
☐ Bruder, Schwester
☐ Trainer oder Jugendgruppenleiter
☐ Lehrer
☐ Vater oder Mutter
☐ Großeltern

4. Wenn ich wollte, könnte ich sofort mit dem Rauchen aufhören.

☐ locker
☐ es würde gehen
☐ weiß ich nicht
☐ glaub ich nicht
☐ nein

5. Was zieht dich an am Rauchen?
(Du kannst mehrere Kreuze machen!)

☐ Meine Clique raucht, das gehört dazu.
☐ meine Neugier
☐ die Werbung
☐ Ich bin dann sicherer, erwachsener und fühle mich wichtig.
☐ Ich bin dann nicht so unsicher, sondern cool.
☐ Es hilft mir bei Ärger, Wut oder Stress.
☐ Zigaretten schmecken gut.

6. Ich trinke … alkoholische Getränke.

☐ nie
☐ manchmal (2–3 mal im Monat)
☐ öfter (2–3 mal in der Woche)
☐ fast jeden Tag

7. Das trinke ich:

☐ keinen Alkohol
☐ Bier
☐ Wein und Sekt
☐ Wein und Likör
☐ Cocktails (Mixgetränke)

▷

8. Ich hatte schon einmal ...

- ☐ einen leichten Schwips.
- ☐ einen Rausch.
- ☐ einen Vollrausch.
- ☐ eine Alkoholvergiftung.

9. Ich trinke Alkohol, weil ...

- ☐ es mir schmeckt.
- ☐ es die anderen auch tun.
- ☐ ich Probleme dann vergessen kann.
- ☐ ich mich dann stark fühle.
- ☐ ich mich sonst ausgestoßen fühle.

10. Ich trinke Alkohol, wenn ...

- ☐ ich verliebt bin.
- ☐ ich Stress habe.
- ☐ ich alleine bin.
- ☐ ich mich langweile.
- ☐ ich bei Freunden bin.
- ☐ ich ausgehe.

11. Hast du schon einmal irgendwo illegale (verbotene) Drogen gesehen?

- ☐ nein, noch nie
- ☐ in der Schule
- ☐ in Jugendhaus, Jugendgruppe oder Verein
- ☐ beim Ausgehen
- ☐ bei Freunden
- ☐ bei Fremden, z. B. in der Stadt

12. Hat dir schon einmal jemand illegale Drogen angeboten?

- ☐ nein
- ☐ einmal
- ☐ manchmal
- ☐ oft

13. Hast du schon einmal gesehen, wie jemand illegale Drogen genommen hat?

☐ nein ☐ einmal ☐ manchmal ☐ oft

14. Hast du schon einmal illegale Drogen genommen?

☐ nein ☐ einmal ☐ manchmal ☐ öfter

Als okkult (lat. verborgen) werden solche übersinnlichen Lehren und Praktiken bezeichnet, die wissenschaftlich nicht erklärbar sind. Okkultisten gehen davon aus, dass die Welt durch verborgene geistige Energien gelenkt wird. Schon im Mittelalter gab es okkulte Bewegungen. Am Ende des 19. Jahrhunderts wurde er fast zu einer Modebewegung. Gegenwärtig ist er besonders bei Jugendlichen verbreitet.

1. Nenne okkulte Praktiken, von denen du schon gehört hast.

____

____

____

____

2. Welche Gründe könnte es geben, dass immer mehr Jugendliche vom Okkultismus fasziniert sind?

Okkultismus ist faszinierend, weil …

- ? ______
- geheimnisvoll
- ? ______
- ? ______
- Adrenalinkick

3. Überlege, welche Gefahren solche Spiele bergen können. Stelle diese in der Übersicht dar.

Gefahren

- ? ______
- Albträume
- ? ______
- ? ______
- Unsicherheit

Konflikte im Jugendalter

Konflikte entstehen:

- wenn sich mehrere Menschen bei Problemen nicht einigen können,
- wenn mehrere Menschen unterschiedliche Standpunkte haben,
- durch starke Gefühlsschwankungen.

Worum könnte es bei diesem Streit gehen?

Was bedeutet Mobbing in der Schule?

Worauf sollten Freunde beim Streiten achten?

Was bewegt wohl dieses Mädchen?

1. Wie verhältst du dich bei einem Streit? Kreuze richtiges Verhalten an.
2. Finde weitere Verhaltensformen, die während des Streitens auftreten können.

Streit

- Ich schmeichle meinem Freund.
- Ich drehe meinem Freund den Rücken zu.
- Ich schlage mich mit meinem Freund.
- Ich höre meinem Freund zu.
- ______________________
- Ich schreie meinen Freund an.
- Ich bleibe ruhig.
- Ich bin beleidigt.
- Ich beleidige meinen Freund.
- ______________________
- ______________________

Konfliktlösungsstrategie:

1. Genau überlegen, was passiert ist:

- Wodurch entstand der Streit?

2. Gemeinsam darüber reden:

- eigene Interessen vertreten
- Interessen des anderen achten
- Gefühle benennen

3. Zusammen eine Lösung finden:

- Kompromisse eingehen
- einen Ausgleich suchen

3. Übe diese drei Schritte an einem aktuellen Beispiel aus deiner Klasse oder deinem Freundeskreis.

Werte – Normen – Tugenden

1. Findet gemeinsame Beispiele, die die eingerahmten Wörter erklären.

Freiheit | Disziplin | Wissen

Frieden | Reichtum | Vertrauen

Ehrlichkeit | Höflichkeit | Gerechtigkeit

Zuverlässigkeit | Bescheidenheit

Pünktlichkeit | Zivilcourage | Solidarität

Freundschaft | Verantwortung

Toleranz | Glaube

2. Wähle zehn Wörter aus und gestalte damit deine persönliche Wertepyramide. Dabei steht oben das Wort, welches für dich besonders wichtig ist.
3. Begründe, warum du dich für dieses Wort entschieden hast.

____

____

____

____

4. Vergleicht eure Begründungen und erstellt eine „Hitliste“ der Klassen-Werte.

1. Starte eine Umfrage und finde für jede Altersgruppe heraus, welche Werte innerhalb dieser Gruppe besonders wichtig sind. (Nummeriere 1., 2., 3.)

Werte	14 bis 29		30 bis 59		60 und älter	
	1. Pers.	2. Pers.	1. Pers.	2. Pers.	1. Pers.	2. Pers.
Disziplin						
Toleranz						
Pünktlichkeit						
Höflichkeit						
Freiheit						
Ehrlichkeit						
Verantwortung						
Glaube						
Zuverlässigkeit						
Frieden						

2. Vergleicht eure Angaben zu den drei Generationen. Was stellst du fest?

„Die Jugend liebt heutzutage den Luxus. Sie hat schlechte Manieren, verachtet die Autorität, hat keinen Respekt vor den älteren Leuten und schwatzt, wo sie arbeiten sollte. Junge Leute stehen nicht mehr auf, wenn Ältere das Zimmer betreten. Sie widersprechen ihren Eltern, schwadronieren in der Gesellschaft, verschlingen bei Tisch die Süßspeisen, legen die Beine übereinander und tyrannisieren ihre Lehrer."

Sokrates, 470–399 v. Chr.

Ich habe überhaupt keine Hoffnung mehr in die Zukunft unseres Landes, wenn einmal unsere heutige Jugend die Männer von morgen stellt. Unsere Jugend ist unerträglich, unverantwortlich und entsetzlich anzusehen.

Aristoteles, 382–322 v. Chr.

3. Was fällt dir auf, wenn du diese Aussagen liest, die etwa zweieinhalbtausend Jahre zurückliegen?

4. Wie schätzt du die Jugend von heute ein?

Eigene Werte und Fähigkeiten

„Es genügt nicht, nur f…
sein – das sind die Am…
Die Frage ist vielmehr:
sind wir fleißig?“

1. Was verstehst du unter dem Begriff „Selbstverwirklichung“?

2. In der Schule und später im Beruf wirst du nach deinen Fähigkeiten beurteilt, und viele Fähigkeiten sind wichtig. Schätze dich selbst ein.

		sehr gut	gut	ausreichend	ungenügend
Persönlichkeit	– Pünktlichkeit	◯	◯	◯	◯
	– Auffassungsgabe	◯	◯	◯	◯
	– Zielstrebigkeit	◯	◯	◯	◯
	– äußere Erscheinung	◯	◯	◯	◯
Sozialverhalten	– Teamfähigkeit	◯	◯	◯	◯
	– Kritikfähigkeit	◯	◯	◯	◯
	– Höflichkeit	◯	◯	◯	◯
	– Hilfsbereitschaft	◯	◯	◯	◯
Arbeitseinstellung	– Selbstständigkeit	◯	◯	◯	◯
	– Leistungsbereitschaft	◯	◯	◯	◯
	– Genauigkeit	◯	◯	◯	◯
	– Arbeitstempo	◯	◯	◯	◯
Kenntnisse/ Fähigkeiten	– in Deutsch	◯	◯	◯	◯
	– in Mathematik	◯	◯	◯	◯
	– Sprachkenntnisse	◯	◯	◯	◯
	– handwerkliche Fähigkeiten	◯	◯	◯	◯

3. Tausche deine Übersicht mit deinem Nachbarn aus und überlegt gemeinsam, ob die Kreuze realistisch gesetzt sind.

4. Benenne deine wichtigsten Stärken.

5. Welche Chancen hast du durch die Stärkung positiver Eigenschaften bezüglich deiner Lebensplanung?

6. Woran musst du noch arbeiten? Welche Möglichkeiten siehst du dabei?

1. Du hast bereits die Kirche und christliche Feste kennengelernt. Schau dir die Bilder an und erzähle, was du darüber weißt. Ergänze danach die fehlenden Fakten.

Name: ______________________

Geburtstag: ______________________

Geburtsort: ______________________

Religion: ______________________

Todesart: ______________________

Ort: ______________________

2. Du siehst hier die Landkarte Palästinas zur Zeit Jesu Christi. Ergänze die fehlenden Bezeichnungen.

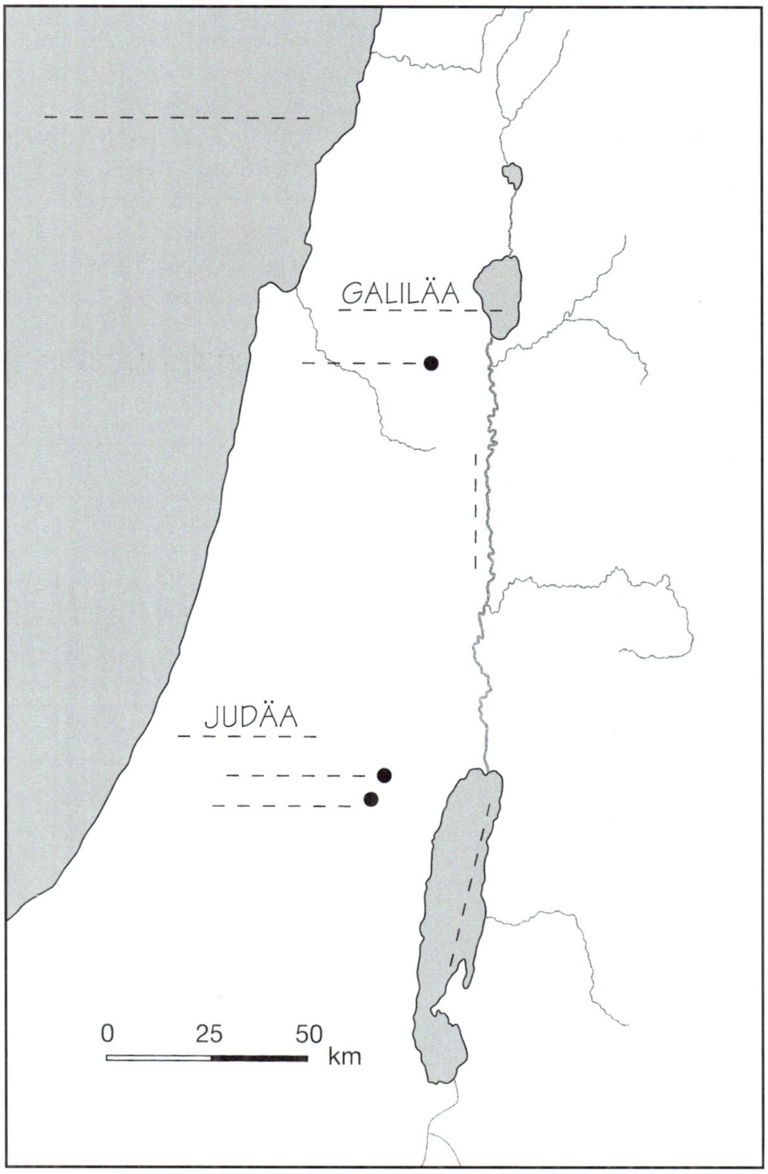

1. Setze in den Lückentext folgende Wörter richtig ein:
Messias (Erlöser) 30 Jahren Jesus Bethlehem Römern Fischer
Nächstenliebe Kranke Gewalt Kreuz

Der Name ______________ bedeutet: „Gott hilf". Geboren wurde er in ______________. Sein Heimatland wurde damals von den ______________ beherrscht. Der größte Teil der Bevölkerung war arm. Jesus wurde von vielen Juden als der lang ersehnte ______________ ______________ gesehen. Seine ersten Anhänger waren ______________. In seinen Reden sagte er den Menschen, wie sie leben sollten. Er predigte ______________, lehnte jede Form von ______________ ab, heilte ______________ und half, wo es nötig war. Dadurch hatte er Feinde bei den Mächtigen und Reichen. Im Alter von etwa ______________ starb er am ______________.

2. Lies die Bergpredigt.

Selig, die arm sind vor Gott, denn ihnen gehört das Himmelreich.
Selig die Trauernden, denn sie werden getröstet werden.
Selig, die keine Gewalt anwenden, denn sie werden das Land erben.
Selig, die hungern und dürsten nach der Gerechtigkeit, denn sie werden satt werden.
Selig die Barmherzigen, denn sie werden Erbarmen finden.
Selig, die ein reines Herz haben, denn sie werden Gott schauen.
Selig, die Frieden stiften, denn sie werden Söhne Gottes genannt.
Selig, die um der Gerechtigkeit willen verfolgt werden, denn ihnen gehört das Himmelreich. (Mt 5,3–10)

3. Welchen Menschen wendet sich Gott besonders zu?

____

____

____

4. Die Symbole zeigen dir christliche Feste, die mit dem Leben Jesu in Verbindung stehen. Bezeichne das Fest und ergänze die Bedeutung.

		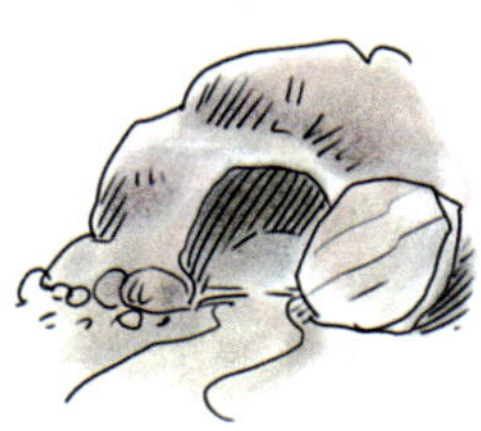		
________ ________	________ ________	________ ________	________ ________	________ ________

- ______________________
- Verbreitung durch Apostel und Missionare
- ______________________
  ____
- Verstärkung von Einfluss und Macht
- Entstehung erster Klosterschulen
- ______________________
- ______________________
- ______________________
- ______________________
- ______________________
- Annäherung der verschiedenen Glaubensrichtungen innerhalb des Christentums

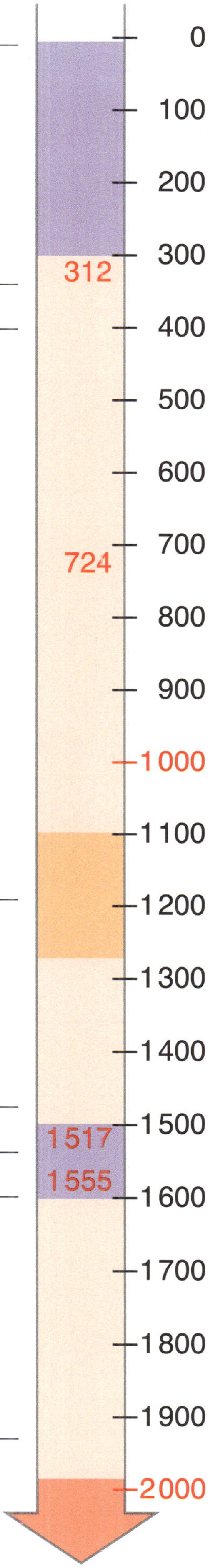

1. Die folgenden Begriffe beschreiben Stationen der Entwicklung des Christentums.
   Schreibe die ungeordneten Stichpunkte mithilfe des Buchs an die richtige Stelle des Zeitstrahls.
   - Christentum wird Staatsreligion
   - Reformation
   - Urchristentum
   - Thesenanschlag
   - Augsburger Religionsfrieden
   - Kreuzzüge
   - Ökumenische Bewegung

2. Das Christentum ist heute die zahlenmäßig stärkste Religion. Trotzdem verzeichnet die Kirche in Deutschland einen Rückgang der Mitgliedszahlen. Wie erklärst du dir das?

____
____
____
____
____
____
____
____
____

1. Ordne den Bildern die Texte von Seite 43 zu.

Geburtshaus Eisleben

Augustiner-Kloster Erfurt

Luther-Universität Wittenberg

Schlosskirche Wittenberg

Lebensstationen

Dom in Worms

Wartburg in Eisenach

Katharina von Bora

Lutherbibel

Grabplatte in der Schlosskirche

2. Erkläre die Zeichnung.

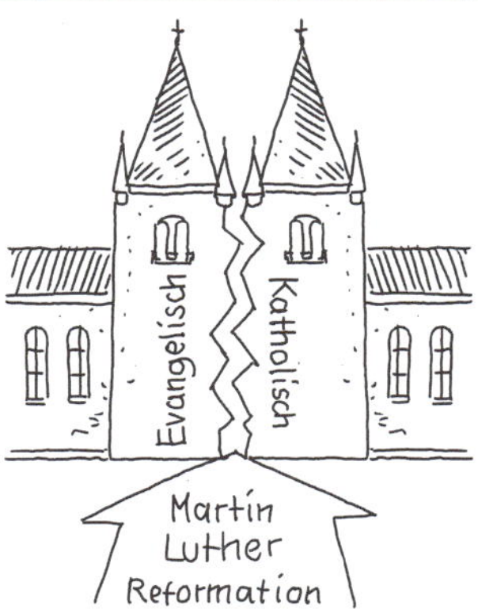

3. Gestalte die Lutherrose farbig.

Im Alten Testament der Bibel steht: Moses, der Führer des Volkes Israel, erhielt auf dem Berg Sinai von Gott zwei Steintafeln. Darauf standen Gottes **Zehn Gebote**.

Diese Gebote regeln

das Verhältnis der Menschen zu ihrem Gott UND das Verhältnis der Menschen untereinander.

1. Könnten einige dieser Gebote auch für dein Leben wichtig sein? Kreise die entsprechenden Nummern ein.
2. Welche Regel hältst du auch in der heutigen Zeit für besonders wichtig? Begründe, warum.

___

___

3. Auf dem Sockel steht ein Spruch. Woran erinnert er dich?

___

___

caritas

Christen

⇨ *werden durch die Taufe in die christliche Gemeinschaft aufgenommen;*
⇨ *glauben an Gott, Jesus Christus und den Heiligen Geist;*
⇨ *halten die Zehn Gebote ein;*
⇨ *üben Nächstenliebe;*
⇨ *gehen zum Gottesdienst;*
⇨ *lesen in der Bibel;*
⇨ *feiern gemeinsam christliche Feste.*

KINDER NOT HILFE

Brot für die Welt

Diakonie

1. Vergleiche die Merkmale christlicher Lebensgestaltung mit deinen Auffassungen. Welche Gemeinsamkeiten entdeckst du?

____

____

____

2. Woran glaubst du?

____

____

3. Hat jeder Mensch einen Glauben?

____

____

4. Warum ist **TOLERANZ** im Zusammenleben wichtig?

____

____

5. Was bedeutet das für dich ganz konkret?

____

____

Der Islam – eine der Weltreligionen

Der Islam ist die zweitgrößte Weltreligion. Vor allem im Vorderen Orient und in Indonesien ist er verbreitet. Seine Anhänger werden ______________________ oder ______________________ genannt. Das Wort Islam bedeutet übersetzt „Hingabe an Gott“. Oft wird der Islam durch eine Mondsichel symbolisiert.

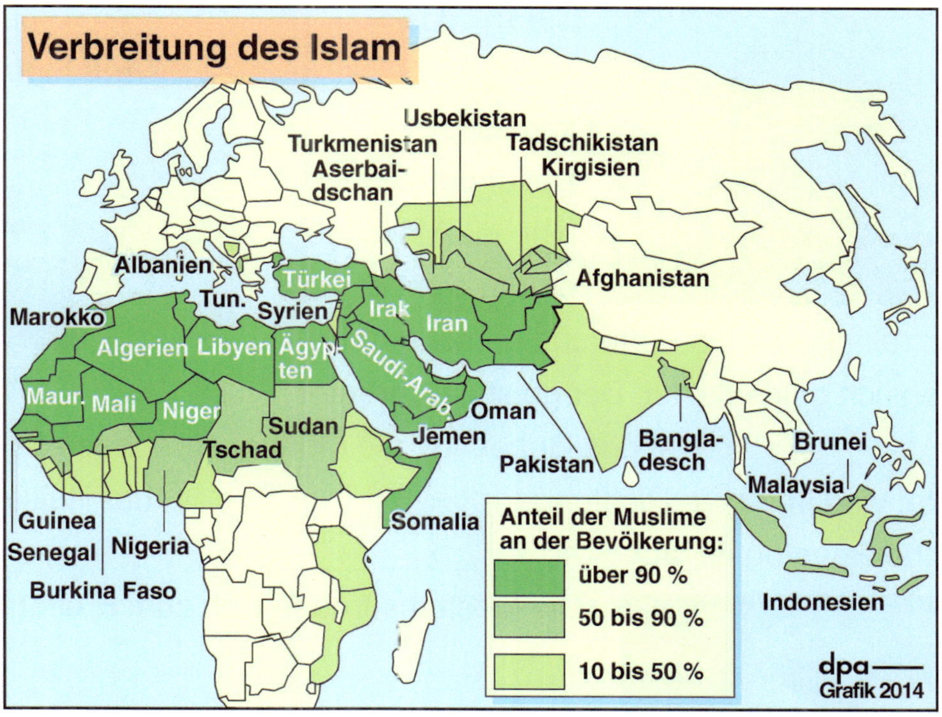

1. Schau dir die Karte genau an und benenne 15 Staaten, in denen die große Mehrheit der Bevölkerung muslimisch ist.

____

____

____

____

2. Durch welche persönlichen Begegnungen, Beobachtungen oder Erlebnisse bist du schon mal mit dieser Religion in Berührung gekommen?

____

____

____

____

____

1. Vervollständige den Lückentext.

Sie ist das Gebets- und Versammlungshaus der Moslems. Zu jeder Moschee gehört ein hoher Turm – das ____________________. Der Gebetsrufer ____________________ ruft fünfmal am Tag zum Gebet.

Bevor der Gläubige die Moschee betritt, zieht er die Schuhe aus, reinigt sich die Füße und achtet darauf, dass er ordentlich gekleidet ist. Der geistige Vorbeter ____________________ spricht das Gebet vor, die Männer sprechen es gemeinsam nach. Gebetet wird immer in Richtung ____________________, der Heiligen Stadt. Der islamische Ruhetag ist am ____________________.

Die Moslems treffen sich zum Freitagabendgebet in der ____________________.

1. Nische in der Wand, die anzeigt, in welcher Richtung Mekka liegt
2. Kanzel
3. Gebetshalle, meist mit Teppichen ausgelegt
4. Hof mit Brunnen/Wasserstelle

2. Trage in die Zeichnung die Nummern 1 bis 4 ein und sprecht über das Innere einer Moschee.

3. Moslems knien beim Gebet auf einem Gebetsteppich. Gestalte ihn farbig.

Der Prophet Mohammed

1. Schlagt in einem Duden oder Fremdwörterbuch nach, was das Wort Prophet bedeutet.

____

____

2. Vervollständige den Text mithilfe des Lehrbuchs.

Zu Zeiten Mohammeds verehrten die Menschen in der arabischen Welt noch mehrere Götter. Der Name Mohammed bedeutet: „Der Gepriesene“. Er wurde ___________ n. Chr. in ___________________ geboren. Seine Eltern waren früh verstorben. Im Jahre ___________ heiratete er eine reiche Witwe und hatte mit ihr sieben Kinder. Trotz seines Wohlstandes sah er die Ungerechtigkeiten. Er meditierte am Berg ___________________ und empfing die Botschaft, dass es nur einen Gott ___________________ gibt. Nachdem er dies den Menschen verkündete wurde er bedroht und floh ___________ nach ___________________. Hier beginnt die islamische Zeitrechnung! Mohammed stiftete Frieden zwischen den arabischen Stämmen und stellte Regeln für das Zusammenleben der Moslems auf. Er kam nach Mekka zurück und bekehrte die Menschen zum Glauben. Im Jahre ___________ starb Mohammed in ___________________.

3. Fasse in einem Satz zusammen, was der größte Verdienst Mohammeds war.

____

____

____

Die Kaaba in Mekka ist die größte Pilgerstätte für Moslems.

4. Schreibe auf, warum die Kaaba diese Bedeutung hat.

____

____

5. Was tun Gläubige an diesem Ort?

____

____

Der Koran ist die unfehlbare Offenbarung Gottes. Werden die Gesetze zu Lebzeiten befolgt, wartet auf die Gläubigen das Paradies mit sieben Himmeln.

1. Verwende die vorgegebenen Wörter in einem kurzen Text mit vollständigen Sätzen.
   Heilige Schrift Koran arabisch 114 Suren (Abschnitte) von rechts nach links

> „Und bestimmt hat dein Herr, dass ihr ihm allein dient und dass ihr gegen eure Eltern gütig seid. … Drum … schilt sie nicht, sondern führe zu ihnen ehrfürchtige Rede.“
>
> Koran, Sure 17/23

2. Leite aus dieser Sure zwei Verhaltensregeln ab und formuliere sie mit deinen Worten.

3. Auch in der Bibel bei den Zehn Geboten findest du zwei ähnliche Regeln. Schreibe sie auf.

1. Gestalte die Moschee farbig.
2. Erkläre die Bedeutung der fünf Wörter in den Säulen; es sind die Grundpflichten eines jeden Moslems.

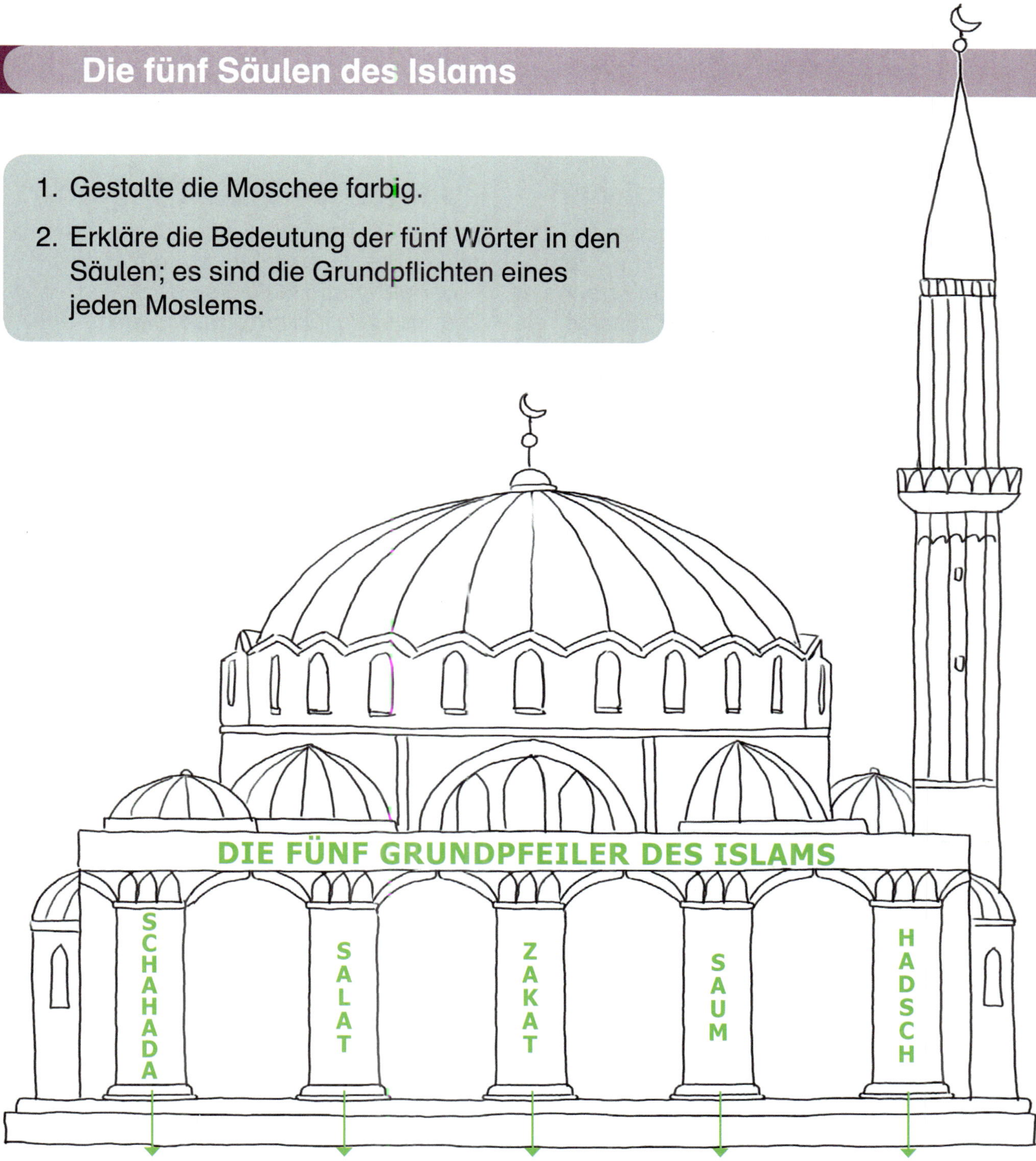

3. Gibt es eine Pflicht, die du für das Zusammenleben der Menschen als besonders hilfreich findest? Äußere dich dazu.

Zuckerfest (= Kleiner Bairam)

Im Monat Ramadan fasten erwachsene gläubige Muslime 30 Tage lang, d. h.: Sie nehmen in der Zeit zwischen Sonnenauf- und -untergang keine feste oder flüssige Nahrung zu sich. Am Ende des Monats findet das „Fest des Fastenbrechens" statt. Es ist für Muslime das bedeutendste Fest und dauert drei Tage.
Am Morgen gehen die Gläubigen in die Moschee. Anschließend findet ein festliches Frühstück statt. Man besucht Freunde und Verwandte, bereinigt Streitigkeiten und verteilt Almosen an die Armen. Zu Hause gibt es ein tolles Essen, viele Süßigkeiten und kleine Geschenke für die Kinder. Bunte Ballons und Lampen leuchten.

1. Weshalb freuen sich besonders die Kinder auf das Zuckerfest?

___

___

___

Opferfest (= Großer Bairam)

Es wird 70 Tage nach dem Zuckerfest mit all jenen zu Hause gefeiert, die nicht auf Pilgerfahrt nach Mekka sind.
Das viertägige „Große Hammelfest" erinnert an eine Bibelgeschichte: Gott wollte Ibrahim (Abraham) auf seine Gläubigkeit hin testen. Er sollte seinen Sohn opfern. Als Ibrahim schweren Herzens dazu bereit war, erkannte Gott, dass er ihm gehorchte, und er konnte statt seines Sohnes ein Tier opfern.
Die Menschen schlachten zu diesem Fest ein Lamm, ein Rind oder ein Kamel. Ein Drittel behält die Familie für ihr Festessen, der größere Teil wird an andere Menschen verschenkt.

2. An welches Ereignis aus der Bibel erinnert das Opferfest?

___

___

___

3. Klebe zu beiden Festen die entsprechenden Bilder von Seite 43.
4. Ergänze weitere Feste mithilfe des Lehrbuchs oder durch Zusatzliteratur zum Islam.

___

___

___

Name der Religion:	
Symbol:	
Gebetshaus:	
Heilige Schrift:	
Glaube an:	
Ruhetag:	
Feste:	

Klebe Bilder und Text auf farbiges Papier und fertige damit kleine Kärtchen an. Du kannst sie wie eine Lernkartei benutzen oder ein Legespiel spielen. Hebe sie gut auf, denn bei jeder neuen Religion kommen weitere hinzu.

Moschee	= das islamische Glaubensbekenntnis, Glaube an Allah (das arabische Wort für Gott)
Kaaba in Mekka	= erfordert eine bestimmte Abfolge von Worten und Bewegungen
Imam	= Gebetshaus und geistiges Zentrum der Gemeinde
Gebet	= heilige Pilgerstätte, Ziel eines jeden Moslems
Schahada	= der Vorbeter, leitet das Freitagsgebet und hält eine Predigt

Der islamische Kalender

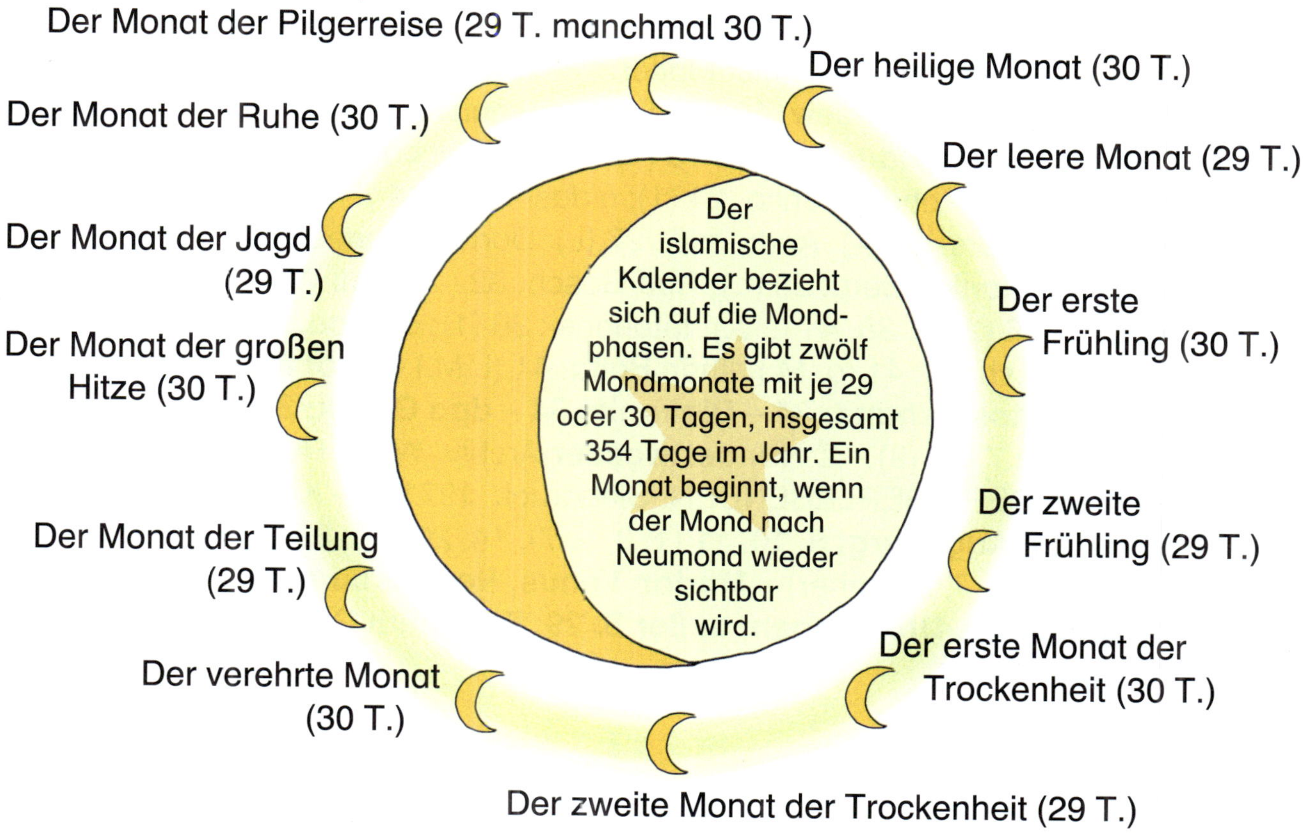

Welchen Unterschied stellst du zu unserem Kalender fest?

____

____

____

zu Seite 32

geb. am 10.11.1483 in Eisleben
Vater: Bergmann
strenge Erziehung

Jurastudium in Erfurt
1505 Eintritt ins Kloster gegen den Willen des Vaters

1512 Doktor der Theologie und Professor für Bibelauslegung

31.10.1517
Anschlag der 95 Thesen

17.4.1521 Luther steht vorm Kaiser, widerruft Thesen nicht, wird am 26.5.1521 für vogelfrei erklärt

1521 als Junker Jörg versteckt sich Luther und übersetzt das Neue Testament ins Deutsche

13.6.1525 Hochzeit mit der früheren Nonne, drei Söhne und drei Töchter werden geboren

1534 Bibelübersetzung beendet
1545 Gesamtausgabe von Luthers Schriften

18.2.1546 Luther stirbt an einem Herzleiden in Eisleben, Beisetzung am 22.2. in Wittenberg

zu Seite 40

Lösungswort zu Seite 15: HILF MIT!